NOTICE BIOGRAPHIQUE

SUR

M. L'ABBÉ BOULOY

MEMBRE DE LA SOCIÉTÉ ARCHÉOLOGIQUE ET HISTORIQUE DE L'ORLÉANAIS

Par M. DESNOYERS

VICAIRE GÉNÉRAL,
PRÉSIDENT DE LA SOCIÉTÉ, MEMBRE CORRESPONDANT DES ANTIQUAIRES DE FRANCE
ET AUTRES SOCIÉTÉS SAVANTES.

(Lue à la Séance du 11 mai 1877.)

ORLÉANS
H. HERLUISON, LIBRAIRE
17, RUE JEANNE-D'ARC, 17
—
1877

NOTICE BIOGRAPHIQUE

SUR

M. CASIMIR ROUJOU

PAR J. DESNOYERS

(Lue à la Séance du 15 mai 1874)

ORLÉANS
H. HERLUISON, LIBRAIRE

NOTICE BIOGRAPHIQUE

SUR

M. L'ABBÉ BOULOY

MEMBRE DE LA SOCIÉTÉ ARCHÉOLOGIQUE ET HISTORIQUE DE L'ORLÉANAIS

Par M. DESNOYERS

VICAIRE GÉNÉRAL,
PRÉSIDENT DE LA SOCIÉTÉ, MEMBRE CORRESPONDANT DES ANTIQUAIRES DE FRANCE
ET AUTRES SOCIÉTÉS SAVANTES.

(Lue à la Séance du 11 mai 1877.)

ORLÉANS

H. HERLUISON, LIBRAIRE

17, RUE JEANNE-D'ARC, 17

1877

(Extrait des Bulletins de la Société archéologique et historique de l'Orléanais.)

ORLÉANS, IMP. DE G. JACOB, CLOITRE SAINT-ÉTIENNE, 4.

NOTICE BIOGRAPHIQUE

SUR

M. L'ABBÉ BOULOY

Messieurs,

Entre deux existences, dont l'une, après avoir traversé brillamment les chemins de cette terre, tombe avec bruit dans le gouffre de l'éternité, et l'autre, après avoir parcouru modestement le sillon de la Providence, s'écoule avec silence dans l'abîme de l'infini, quelle est celle que nous puissions préférer? Je ne dispose pas, Messieurs, du secret des âmes et n'ai pas le droit de leur demander une réponse ; mais je puis vous livrer la mienne et vous dire avec quel bonheur mes complaisances se reposent sur la vie cachée dans son dévoûment, modeste dans son labeur, contenue dans son activité, ne s'attirant aucune louange, étonnée de celle qui lui arrive, ouvrière obscure et utile néanmoins, comme la racine qui se dérobe aux regards, travaille dans la tranquillité et meurt après avoir été la puissante associée de Dieu.

Telle a été, Messieurs, la vie de notre regretté collègue, M. Pierre-François Bouloy, parti de l'exil le 25 mars de cette année.

Né à Montargis, le 11 février 1821, d'un père qui avait conquis, durant les guerres de l'Empire, le grade de capitaine d'artillerie, il reçut de la Providence un caractère qui retraçait cette double origine. Montargis, vous le savez, Messieurs, ne possède pas le calme et la mesure de nos habitudes orléanaises : animé, ardent, impétueux au besoin, quand nous marchons il s'élance, quand nous courons il bondit. Nous avons eu, en 1428, la patience réfléchie, mais héroïque et fort habile, non pas de nous cacher, mais de résister à l'abri de nos murailles. Montargis, notre frère très-aimé, dans la bouillante ardeur de son patriotisme, aurait ouvert ses portes pour se jeter sur les bastilles anglaises ; il n'eût pas mesuré un sang nécessaire cependant au salut de la France ; il serait mort enseveli dans la gloire, mais la France avec lui.

Le capitaine d'artillerie a toute l'impétuosité de son arme ; le froid mouvement du fantassin ne lui convient pas : il faut qu'il parle comme la foudre que son arme représente et agisse comme elle.

On voyait, dans M. Bouloy, les signes de son appartenance : c'était bien l'habitant de Montargis par le feu de certaines allures ; c'était bien le fils d'un chef d'artillerie, et quand ses camarades lui adressaient quelques douces plaisanteries qu'il acceptait fort bien, ils le décoraient du nom de *Bouloy capitaine*.

Mais, venu à Orléans pour y suivre, dans les séminaires, un attrait irrésistible pour l'état ecclésiastique, il y puisa la modération orléanaise, la sagesse de votre caractère, Messieurs, et si parfois des éclairs d'impétueuse vivacité s'échappaient de sa conduite, il savait bientôt retrouver l'action réfléchie et la force continue. De là, Messieurs, les vertus qui ont orné constamment sa vie sacerdotale et auxquelles je suis heureux de trouver l'occasion de rendre un éclatant hommage ; j'ai connu longtemps et vu de très-près, Messieurs, cet ouvrier de Dieu dans les modestes champs assignés à son zèle ; il y a toujours travaillé sans calcul, sans ambition, sans défaillance : son Dieu, son devoir, voilà sa règle et son inspiration. Au service de ces admirables habitudes de foi profonde, le ciel avait placé en lui une incomparable droiture qui s'embellissait de tous les charmes de la simplicité couronnée elle-même par la candeur. Je ne sais, Messieurs, quel doux et irrésistible entraînement emporte l'âme vers celle que Dieu a revêtue de cette ravissante qualité de droiture. Faut-il donc dire que la science multipliée de la vie nous apprend la rareté de cette vertu, et que, témoins ou victimes de douloureuses expériences, quand nous rencontrons cette fugitive, cette exilée, elle nous captive, nous séduit et s'impose triomphalement à nous ?... Plaignons, Messieurs, les âmes à la double parole, qui ne comprendraient pas ce langage, qui auraient ignoré les séductions dont je parle.

Les amis de M. Bouloy les connaissaient, Messieurs, et c'est pour cela qu'il avait su former autour de lui des affections profondes, des liens noués au séminaire, et que ni les circonstances, ni la mort n'ont pu briser ; les amis de M. Bouloy lui avaient donné leur cœur, parce qu'ils avaient connu la bonté, le dévoûment et la pureté du sien, et si vous eussiez, Messieurs, comme nous, quelquefois pénétré dans sa chambre, M. Bouloy se fût tout entier révélé à vous.

Quatre choses y frappaient les yeux : son Dieu, son père, son pays et notre société.

Aux murailles apparaissaient les témoignages d'une foi ferme et éclairée ; il voulait que ses yeux se reposassent sans cesse sur ce qu'il aimait au-dessus de tout.

Après son Dieu, c'était son père. Dans une place d'honneur apparaissait le large cadre abondamment doré où sa main filiale avait suspendu les armes de son père et la croix qui avait justement récompensé le courage du vieux capitaine.

Plus loin, vous eussiez vu les gravures représentant son cher Montargis, le premier berceau de son enfance, et qu'il a voulu, par son testament, être le second asile de son dernier endormissement.

Puis vous eussiez, dans une bibliothèque d'acajou, la place était belle, Messieurs, vu nos *Bulletins* et nos *Mémoires* montrant avec fierté et leur agréable reliure et leur nombre majestueux, et, dans cette même bibliothèque, une collection d'objets anciens qui n'étaient pas sans intérêt.

Vous aviez, Messieurs, connu et apprécié ses goûts archéologiques lorsque vous l'admettiez, en 1854, comme titulaire non résidant et, en 1856, titulaire résidant de notre Société, et vous avez eu raison ; car, bien que les occupations du ministère de M. Bouloy ne lui laissassent pas assez de loisirs pour être un de nos écrivains, il recueillait avec soin les matériaux de notre histoire orléanaise, surtout ceux qui concernaient son cher Montargis ; il a fourni à notre ancien collègue et président, M. Dupuis, les éléments de son *Histoire du siége de Montargis* ; il avait réuni des éléments pour un travail sérieux sur l'ancienne lithurgie orléanaise ; il assistait à nos séances avec l'exactitude qui lui était possible. Une de ses dernières pensées a été pour nous et, voulant laisser à la Société archéologique le témoignage durable de son dévoûment et un souvenir vivant qui pût remplacer sa présence, il nous a légué une précieuse statuette en ivoire du XIIIe siècle (1), représentant la Sainte-Vierge debout, tenant l'Enfant-Jésus sur son bras gauche, et qui a occupé une place d'honneur dans notre exposition retrospective de 1876, sous le n° 1735. Elle provient du couvent des Dominicaines de Montargis qui a disparu dans l'ouragan de 1789. Nous devons à la générosité de M. Bouloy un objet quatre fois précieux par sa matière, son époque, sa provenance et son donateur.

Notre regret, Messieurs, sera de savoir que le portrait de M. Bouloy n'existe pas, car nous eussions aimé à le reproduire, suivant notre fraternelle habitude, et à l'associer, sur ces murailles, aux regrettés collègues qui revivent ainsi pour nous; mais nous conserverons toujours, dans nos plus chers souvenirs, celui du prêtre fidèle et aimable, du collègue dévoué, de l'ami de la science, dont la vie, de cinquante-cinq ans, fut pleine de l'amour du devoir, et dont les derniers moments, purifiés par de longues souffrances, ont laissé parmi ses amis un parfum de riches vertus.

A ce genre de vie, Dieu a promis l'immortalité du souvenir, *in memoriâ œternâ erit justus* (2), et nous serons tous, Messieurs, les gardiens de cette promesse du ciel !...

(1) Le catalogue de l'Exposition rétrospective, n° 1735, l'attribue par erreur au XVIIe siècle.
(2) Ps. 111, 6.

174

www.ingramcontent.com/pod-product-compliance
Lightning Source LLC
Chambersburg PA
CBHW070435080426
42450CB00031B/2666